NATURALEZA POÉTICA:
Los elementos de un desvarío

Nora Garay Vásquez

NATURALEZA POÉTICA:
Los elementos de un desvarío

PRIMERA EDICIÓN
Julio 2021

Editado por Aguja Literaria
Noruega 6655, dpto. 132
Las Condes - Santiago de Chile
Fono fijo: 56 - 227896753
E-Mail: contacto@agujaliteraria.com
www.agujaliteraria.com
Facebook: Aguja Literaria
Instagram @agujaliteraria

ISBN
9789566039839

Nº INSCRIPCIÓN:
2021-A-1158

ILUSTRACIONES
Jorge Garay Vásquez "Dagore" (Instagram @goddagore)
Sofía Zapata Cabrera (Instagram @proserpines)

TAPAS:
Imagen de Portada : www.canva.com
Diagramación : Víctor Estay Miño

*Para quienes han compartido
los elementos que han forjado mis horas,
visto mis oscuros laberintos,
la luz que habita en mi mirada
y, aun así, decidieron quedarse.*

ÍNDICE

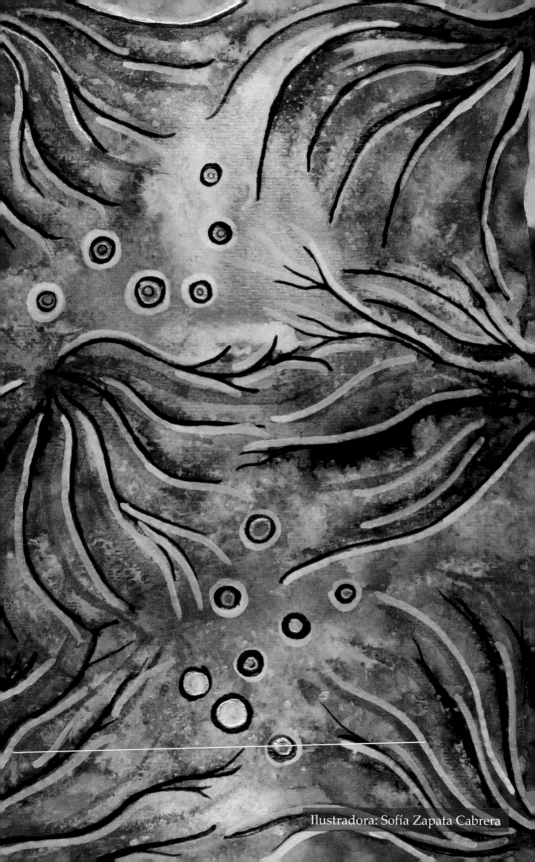

Ilustradora: Sofía Zapata Cabrera

AGUA

En tal estado y algunas veces,
las emociones caen como lágrimas,
una a una, en la dulce llovizna
del rocío.
Otras, en cambio, se lanzan al aire
con la fuerza de la tempestad
azotando en su vaivén al alma.

Es agua que fluye renovando la vida
o, se aquieta al compás de la muerte.

La trampa

Deseaba extirparte
de las aguas tibias de mis labios,
arrancarte del trozo de corazón
en el que te había anidado,
pero tu piel fue una barrera
que no pude derribar
y la trampa eterna
en la que se desplegaron mis ansias.

Caí atrapada,
golpe tras golpe,
sin conseguir que el dolor
detuviera mi aventura.
Caí en el velo de la inconsciencia
retorciéndome el alma
y desperté atada a tu mano
sin más posibilidad de movimiento
que el aleteo iluso
de mis palabras.

Huérfano

Tu rastro se desvanece y deja cicatriz de duelo.
Cuánto amor, vacío y solo,
como un pequeño niño huérfano,
va congelando su llanto en la mirada.

El duelo de la verdad

Hace unas noches asistí al duelo de tu amor,
la muerte concreta y estable,
lo único cierto de la vida,
aun así, no me creíste.
Pensabas que era un juego,
pero ya me he cansado de esperar,
de vagar de recuerdo en recuerdo,
para encontrar una verdad
en tus palabras.

Quizás te empujaba a un deseo no compartido,
fueron las circunstancias,
la soledad, los temores,
que nos unieron.
Escapábamos de los mismos fantasmas,
nos brindamos refugio
para aguantar la tormenta
y desviamos así, el camino.

¡Y ahora qué es lo que espero!
Tu mirada, migajas de amor,
una caricia que tranquilice mi dolor,
no lo sé,
quizás que digas la verdad.

¡Ay mi amado!
Tu mano, aquel día nocturno,
me dolía más que tus palabras.
Tu piel mentía y lo sabía hacer tan bien.

La incertidumbre

Me asusta la despedida.
Siento que he dejado mi orgullo en la desesperación,
olvidado en algún rincón entre tu piel.

No quiero a otro que no seas tú,
pero ¿quién me asegura tu estadía?
Ni tus palabras, ni tus intenciones.

¡Mírame!
Comprueba que detrás de estos ojos silentes
hay un corazón ardiente
que sobrevivirá sin tu presencia,
que quiere vivir una fantasía dulce y cálida.
¿Serías tan cruel de impedírselo?
Si eres capaz, abandona el camino.

Flores desnudas

¿Y ahora qué?
Me decías que no dejara morir este amor en mí,
pero cada instante que te alejas,
cada instante de soledad e indiferencia,
ahonda la herida.

Antes he visto
cómo las flores se desnudan lentamente.
Ahora que conozco lo que viene,
te doy mi mano franca
para que entiendas, aunque sangre,
que no hay mejor herida para mí
que aquella que despeja mis sentidos
y me conecta hacia la realidad.

Lejanía

Estás a unos pasos de mí
y siento que no te reconozco.
¿Tan distanciados estamos?

Parto lejos con mi equipaje de ilusiones muertas.
Nada me pertenece, ni los recuerdos.
Estoy tan cansada
que moriré por unos instantes en tu memoria
para ser feliz y vagar por tus labios
como antes lo hice.

Ah… Viejo guerrero del camino,
por fin tus pasos han cruzado la puerta a la que temía.
¿Sabes?
Ya no siento tanto dolor.
Se han desnudado las palabras en mi boca.
Tú, con tu aire de sobreviviente,
levantarás la lanza con laureles en la victoria.
Yo marcharé tal como llegué a tu vida, fruto del destino,
furtivamente, en la noche bulliciosa.

Tu sombra

Al mirar el pasado veo tu sombra
y escucho ecos de palabras.
Te busco y me aferro a tu recuerdo.
En esta lucha tan nuestra,
debo aceptar que he perdido,
que no tiene caso empuñar mi espada contra ti.
Creo que tendré que emprender la retirada
y buscar, por fin, la soledad.
Mirarme en aquel espejo y no rehuir la vista.
Beberme ese cáliz y purificar los sentidos.

Recuerdos

¿Sabes?
Ya no persigo gaviotas en la espera
y saqué de mi armario las telas
que inventé para vestir tu recuerdo.

¿Sabes?
De tantos intentos
por mantenerte a salvo en mi corazón
de tus propias palabras y mi propia amargura,
te inventé de acero e hice tan ajeno
que hoy es lo único que de ti recuerdo.

En mi búsqueda

En mi búsqueda,
viejo mago de ilusiones,
serás importante
como el espejo certero
en el que vi mi oscuridad
y el maestro que me enseñó
cuál camino no debía tomar.

Te encontraré en la cicatriz
que forjó la herida
y te recordaré cada vez que piense en mis difuntos.
Dejaré una rosa blanca en tu tumba
en señal de paz.

Seguiré mi búsqueda
sin traicionar
los sueños que tenía
antes de compartir contigo
mi almohada.

Cuando regrese seré otra,
quizás tus sentimientos
ya no me reconozcan.

Despedida

¿Cómo te miraré a la cara?
No lo sé.
Desconozco si seré capaz de seguir
tu rastro otra vez.

Bajaré la mano húmeda y fría
hasta mi rostro.
Tocaré mi herida cada vez que te vea
para recordar que sigue ahí
y que no es por ti que debo dejar de luchar,
sino por mi propio dolor.

Me voy, por fin, amigo.
Las horas no nos separan,
solo el dolor.

Extiende tu mano hacia mí,
yo he perdido.

Llueve

Afuera se azota el viento contra la ventana,
adentro las lágrimas caen suavemente
acariciando la herida.

Si afuera es como adentro,
la lluvia limpiará
mis tristezas viejas,
aquellas que dejé tiradas,
despreocupadamente, una a una,
esos días de soledad cautiva.

Llueve sobre mi mente
y no me queda más remedio
que aceptar la humedad palpitante,
el transcurrir de unas horas pálidas,
a la espera de que llegue la primavera.

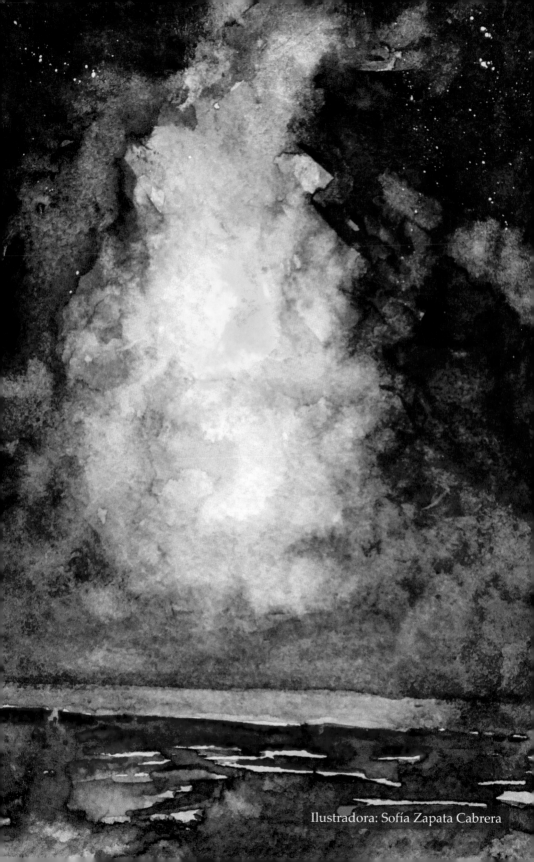

Ilustradora: Sofía Zapata Cabrera

FUEGO

El fuego es capaz, en su calma,
de dar abrigo al cuerpo y el alma
o quemar todo a su paso
cuando el descontrol lo ampara.

En su esencia más profunda
el fuego purifica, transforma
y se convierte en inspiración,
en la musa creadora,
alumbrando las horas
e hipnotizando la mirada.

Volcán

Siento ira por no reconocer tu falso rostro,
por no adivinar tu mirada absurda
fingiendo un amor fantasma
que pretende pagar una culpa rota.
Siento un volcán encendido
surgiendo desde mi vientre
cuando tu engaño lo arrastra todo.

No soy capaz de resistir este absurdo.
Mi confianza y el perdón se los lleva la lava ardiente
y se endurecen con el frío amenazante
de tu silencio.

¡Cómo pesa
este duelo que me aplasta
y obliga a descender a mi propia oscuridad!
Quizás sea adecuado buscarte allí
y enterrarte en el olvido
antes que erupcione mi corazón
y estalle este llanto cautivo.

Fortaleza

A veces, cuando la rabia me inunda,
tiraría unas cuántas verdades
a tus ojos de niño perdido,
pero este amor lo impide
y este orgullo se vuelca contra mí.

¡No soy débil!
Soy más fuerte que tú,
que tus lágrimas y las mías.

Vuela alto

Vuela alto, pájaro nocturno,
que en tu estrepitosa caída
no sentirás ni tu alma.

Vuela alto, aguerrido hechicero,
que tu encanto se ha diluido
en cada compás de la retirada.

Vuela alto, pequeño niño dormido,
que cuando despiertes no estaré
para brindarte mis torpes manos
ni que escuches las viejas palabras
que te hacían abrir desesperado los ojos.

Pasos cansados

Mis pasos se han cansado de buscar,
mirar el camino
y encontrar mi mano desnuda.

¿Cuántas noches más tendré que ver
mi rostro de luna sangrienta?
¿Cuántas horas me quedan junto a él?
La tormenta es eterna y mis lágrimas,
que al comienzo brotaban de la herida,
ahora limpian el rastro de la ausencia
de lo amado que se desvanece.

Águila

Cabellera de montaña oscura y silenciosa,
aguerrida ave de mirada lejana,
muéstrame qué escondes tras tus pasos de seda
y bajo qué árbol desciendes para encontrar la paz.

Ojos de laguna nocturna,
¿en qué cálidos momentos has bañado mis labios?
Deja que me hable el silencio
que tras tantas penas te he visto llorar.

Volcán de furia, pasión y ternura,
enséñame a buscar refugio en la erupción
para entender por qué tanta ceniza
cae sobre mi cuerpo,
para esperarte y abrazarte en la soledad.

Levanto el velo

Hoy destierro este amor
y lo convierto en un puñado de cenizas
que el viento dejará en tu ventana rota.

Tú, astuto y cruel, contaste una tibia historia
para que mi corazón levantara la muralla.
Yo, ilusa, tendí un puente
de flores perfumadas para que entraras
con galope triunfante.
Entonces, incliné la cabeza y adormecí la intuición,
quería sentir la dulzura de tu piel
que me era tan ajena y envolverme en tus ojos
que me estremecían en silencio.

Pero el velo al fin fue levantado,
solo queda la despedida.
Adiós, buitre de mi alma.
Ahora, con los despojos remendaré el daño.
Cantaré la canción de mi dolor y me volveré de luz
para que, cuando me mires nuevamente,
no seas capaz de reconocerme.

Un buen amor

Vida, tan solo un amor te pido
que acaricie mi alma completa
e inunde mis sentidos.
Un amor, porque el que tengo,
se asfixia y está cansado,
y tú bien sabes que, sin amor,
mi alma se pierde en la oscuridad.

Un amor te pido
con todas mis fuerzas
porque el que tengo me ha dejado solitaria,
embaucada en una historia
que no tiene sentido.

¡Un amor real, fuerte y vivo!
Que me defienda a golpes de espada.
Que le baste mirar mis ojos
y entender qué es lo que digo.
Que sepa adornar los susurros del viento con su voz.
Que refresque tantas ausencias
y pérdidas en el camino.

Mi Mago

Un mago distraído
lanzó notas al viento
en un conjuro de amor
sin comprender siquiera
lo que su pasión provocaba.

Su encantamiento fue fatal
para mi corazón congelado
que vagaba sin sentido
en el amanecer callado del olvido.

Bastaron sus compases
para caer hipnotizada
y que las aguas tibias surgieran
a la tierra desierta.

Sigo el camino, hechizada,
con el corazón palpitante entre las manos,
mientras el mago distraído
continúa agitando sus notas
en tierras lejanas.

Piedra encendida

Te encendiste en mi pecho
una noche en la que el duende bailaba
al compás de Andalucía.
Me bastó una chispa de tu luz
para derrochar las pasiones olvidadas.

Ay, piedra luminosa,
te llevaría incrustada en mi piel
para que entendieras cuánto necesito de tu abrigo.

Edificaría con tu nombre
un santuario en mi corazón
para agradecer a la vida
que soy nuevamente capaz de amar.

Te dejaría despertar a mi lado
y te recubriría de besos
para que creyeras que tu patria es la mía
y que tu hogar está
donde juntos anidemos las horas.

Mi propio oasis

Un oasis,
en eso te convertirás
cuando las horas nos reúnan.

Beberé de tus dulces aguas
y entibiaré mi regazo
con los largos rayos de tus dedos,
abrigando mis ansias solitarias.

Me sumergiré en tus recuerdos
y en el reloj de arena
que existe en tu pecho.

Una vez colmada mi sed,
partiré feliz
y, al mirar hacia atrás,
entenderé con mayor claridad
en qué consiste el deseo,
espejismo del agua
capaz de transformar mis sueños.

Naranjo

Podría dejar de escribirte,
encanto mío,
naranjo dulce y en flor,
pero tengo necesidad de tu néctar
y del aroma que hay en tu boca,
con los que mi pasión se enciende
sin tú saberlo.

Me basta anunciar
tu nombre en la ausencia
para que surja la antorcha encendida
y abrigue estas horas
en las que te sigo escribiendo.

Mi deseo

Mientras no supiste de mí
fue cuando más te escribí,
cuando más ardió la esperanza
de que un día llegarías a mi lado.
Las palabras se atropellaban en mi pecho
tan solo si mi pensamiento
te nombraba.

Te convertiste en mi bandera de lucha
en tanto descendía al pozo de los deseos.
Te quedaste silente
avivando una llama
que creía extinguida.

No sé si es legítimo
hablarte de mi deseo,
si vale la pena una cicatriz nueva
o si es mejor que no te enteres
para que no te consuma este fuego.

Hombre esperanza

Bajé la mirada ante tu luz
porque tu libertad me cegaba.
El aire de tus alas rozaba mis sueños
acurrucando mi olvidada esperanza.

Tu mágico corazón hacía acrobacias
con la ternura de tus ideales al viento,
con esas ganas de liberar al mundo
de las murallas y las rejas oxidadas.

Hombre esperanza,
¿qué luchas te llaman ahora?
¿Entre qué guerras andará tu alma,
generosa y solidaria,
sin escudos que la protejan,
tan solo con una sonrisa
y aquella nariz palpitante y roja
a la que siempre le nacen alas?

En memoria de Elcira Caamaño Gutiérrez, Poeta e Ilustradora chilena
Ilustradora: Sofía Zapata Cabrera

AIRE

Cuando el viento se anida en mis pensamientos,
o trae calma,
o dispersa las heridas.

Dependerá de su fuerza o la mía,
de la contienda invisible
en que las horas me suspendan en la espera.
A veces con la cara contra el viento,
otras, con la melena revuelta.

Huesos

Siento en mis huesos el dolor
y el desgarro de mi alma confundida.

Vida, sálvame de la angustia
de no entender ni poder borrar lo vivido.

La abominable consciencia de mirar
y solo ver cadáveres furtivos
y mi sangre derramada cruelmente
entre los rincones de mis pensamientos.
Cuántos muertos en pie, vacilantes,
vagan en mi almohada sin destino.

¡Sostenme, vida!
En un hálito de tu pureza
para no perderme en la noche solitaria
desterrada de mí.

¡Abrázame, vida!
Para entender que existe algo más,
más allá de este mundo frío.

Loca memoria

¿Cómo reconstruyes?
¿Cómo abres y alzas limpia la mirada?
Mis ojos van perdiendo la vista,
pues extenderla un poco más es mortífero.
Estás ahí de pie como quien espera algo
cuando te he ofrecido todo.

¿Cuántas palabras nos faltan para acercarnos?
No recuerdo si pediste perdón por el daño,
pero, altivo, te yergues exigiendo dominios,
pisando sobre mis recuerdos marchitos,
derramando flores muertas para borrar la huella,
para que piense que fue un sueño
de mi loca memoria
e imagine que, en esta batalla,
no somos dos fantasmas
y ninguno resultó herido.

Pasos ajenos

Ves,
la vida te empuja hacia el aire,
y, a mí, a las profundidades de la tierra.
Tus pasos han tomado una dirección ajena
y me recuerdas, vívidamente,
un camino que no deseo volver a recorrer.

Vuela alto, tan alto,
que ni siquiera alcance a verte
con estos ojos enrojecidos.
Déjame descansar en la herida
y reparar tantas ausencias.

En blanco y gris

Ahora que miro las líneas en blanco de esta página
me parece más incierto
aquel presagio por el cual la duda se desliza,
sin el dolor de antaño, como si fuera un hilo de agua
filtrándose en la herida.

Las palabras no cambiarán nuestro destino.
La realidad seguirá siendo la misma.
La pena y el abandono no pasarán de largo,
estarán aquí, cerca de mí,
reunidas como dos amantes
que se fundieron en mis tinieblas
y fueron uno en tu ausencia.

Otro

Voy tejiendo heridas olvidadas
con cada lágrima de rencor
que se asoma a mi pensamiento.
La noche y el día se confunden
en tu ausencia presente.
En este muelle de despedida
extiendo mi pañuelo al viento.

A veces deseo ser yo
quien emprende el viaje.
¿Y si esta es mi despedida?
¿Cómo definir el fin
si tantas veces, por despecho,
lo he lanzado al viento,
como mi pañuelo,
señalando la hora que se pierde
en el infinito?

Qué profunda contradicción
hay en mi pecho.
Si tan solo me miraras hasta el centro,
traspasando toda barrera de ilusión,
y te quedaras a mi lado
como en algún momento lo hiciste.
Si tan solo decidieras que tu hogar está aquí
y no en el ir y venir
de otros labios.

Si así fuera,
mi corazón lleno de amor
te estrecharía hasta el despertar
de las horas dormidas,
pero el espejismo es otro,
uno que hemos formado
y espera estrellarse
contra nosotros con la venganza enlazada.

Me resulta fácil seguir sus pasos,
pero necesito dejar de mirarte.
Le pido que te lance lejos de mí,
de una vez y para siempre,
que llegue aquel
que quiera mirar la luz
y el abismo de mis horas
y, aun así, decida quedarse.

Mi voz

La voz de mi alma
se congeló,
aprisionada entre el miedo y el abandono.
La despertó el dolor
cuando apareció aplastante
y ardiente bajo la piel.

La tormenta se ha ido
y mi voz se atreve a susurrar,
pero aún no se siente capaz
de escribir una canción propia
ni elevar sus trinos
por sobre los ruidos.

Intenta, al menos,
asemejar el silbido del viento
por si el sonido de otros tiempos
le devuelve en su eco
la inspiración para cantar y crear
la música antes del congelamiento.

Fantasma

A veces eres aire y no retornas nunca más.
A veces eres niebla que entorpece mis ojos
e ilusiona la distancia que nos separa.

Tal vez seas un sueño que se desdibuja en la mirada.
Quizás un invento de mis años
para soportar el desamor
y sobrevivir a la soledad de estar con él.

Si llegaste a mi vida, no me di cuenta, si te fuiste, tampoco.
Sucede que como una loca vagaba por la vida
pidiendo una limosna de amor.
Ahora que han pasado los años, te busco en mi mente
y me aferro a la idea de encontrar lo deseado
y dejar de desear lo que encontré.

Cuando el amor ha traicionado al amor, ya no es lo mismo.
Él no lo entiende y menos quiero recordarlo yo.

Espacio

A veces me pregunto qué hago aquí
en este espacio tan reducido,
qué es lo que me ata a no perderme
y acariciar la incertidumbre de volar.

A veces me pregunto por qué no quiero
alzar las alas limpias al viento, respirar
y dejar la soga abrazadora
que envenena mi alma y la hace girar.

Cortar de una vez los lazos
hambrientos y egoístas.
Dejar de beber sueños y vivir el mar.

Respiración

Respiro y el aire se queda atrapado en un suspiro,
un recuerdo que flota hacia tierras lejanas.
Inspiro y aquí estás.
Exhalo y te has ido.
Tan rápida, pero profunda y vital
fue tu presencia
cuando las sombras
se apoderaban de mis días
y hasta respirar se hacía insoportable.

Escúchame

Solo te pido, no te asustes.
Sobre mis alas sentía un peso gigante
que liberaste con tu mirada.

Con razones o sin ellas,
fui construyendo una armadura
para defenderme del dolor
de aquello que no fue
y nunca más será.
Te vi, con tu magia,
inundando de dulces sonidos el aire
y me atreví a confiar en el destino.
Decidí tentarlo.

No te asustes,
son mis deseos que estaban encerrados,
una locura transitoria,
cuando la vida se estanca.

Arcoíris

Amado,
seguiré adornando con flores mi camino
y tejiendo mis horas, aún en tu ausencia.
Agradezco a la vida
ese maravilloso encuentro
porque en tu luz
volví a encantar la mirada
y quise creer en los sueños
que me regalaba el amor.

Me recordaste que el arcoíris
se forma solo después de una fuerte lluvia,
que al dejar atrás mi llanto
podría ver los colores que florecen en mi alma
para seguir buscando lo que nunca he perdido.

Azul

Como las aves emprenden su vuelo,
desplegando sus ilusiones de la tierra,
así nació mi amor por ti.
Se elevó hacia el infinito,
hacia el azul perfecto del sentimiento,
y, abandonando todo presagio de dolor,
se hizo silencio entre el murmurar de la gente
iluminando mi cara de un nuevo color[1].

---

1   *Azul* fue escrito por la autora a sus catorce años.

Ilustradora: Sofía Zapata Cabrera

TIERRA

La tierra escoge el momento apropiado
para transitar desde la vida hacia la muerte.
A veces se vuelve pantano,
otras, se transforma en un volcán en erupción
o, como un huracán, se enlaza al viento.
Sin embargo, cuando está sola,
no tiene prisa, es fuerte y tenaz,
pone límites y genera raíz.

La tierra acoge como una sabia madre
que cura el dolor y el llanto de sus crías.
Me brinda la medicina que sana
en su paciencia infinita.

Lancero

Corta el Dolor su lanza encendida.
Las llagas de sus manos huelen a venganza.
Nadie ve partir su silueta,
creen que su cuerpo
se ha quedado dormido tras aquel grito.

Todo él suda tristeza.
Su cuerpo se agita turbiamente sobre la herida.
Su rostro desencajado no es el mismo de otras guerrillas.
Los ojos se endurecen en la ausencia,
los labios atisban otras partidas.

Acecha con su esquiva mirada,
persigue el recuerdo una y mil veces,
nombra la historia que falseó para olvidar.

El depredador ha alcanzado a su presa,
él lo sabe… ambos lo saben.
Quizás ya no puede escapar de su destino,
solo retorcerse, una y otra vez, hasta morir.

Ausencia

Tú querías que perdiera
los lazos más valiosos
que pude encontrar,
los que provocaron mis alegrías
más dulces.
Tú querías que cerrará un ciclo,
despiadadamente,
dejando atrás los recuerdos del pasado,
pero se te olvidó que, al hacerlo,
vivirían con más fuerza
y se alimentarían de mi dolor
porque en su ausencia
lamentaría la decisión
de tomar mi venganza por las manos.

Tú querías verme despojada de todo latido
que entibiara un poco mi corazón
para que viviera el invierno eterno
sin volver a ver la luz.
Tú lo querías,
pero yo no.

Mi maestro de mentiras

Mi maestro de mentiras
reparte flores plásticas
bañadas con veneno de su infancia.
Son narcisos primorosos
que creó
bajo la sombra de su padre
mientras su madre lloraba.

Mi maestro de mentiras
escribe poemas en serie
y le cambia el nombre
a cada verso
según el rostro que tenga
su nueva amada.

Mi maestro de mentiras
sufrió de traiciones.
Incluso así, no quiso retirarse la máscara,
aunque le asfixiara.
Se acostumbró al engaño
y lo fusionó con su alma.

El daño

Le quité los lentes con los que veía el mundo.
Su falta de cercanía le impedía verme,
fue el daño que le hice,
dejarlo con la mirada desnuda,
sin los condicionamientos de su linaje.
Transitó a tientas,
intentando encontrar un camino,
una nueva forma de ser,
de entender cómo se construían los lazos.

Le presté mis lentes,
¡hasta le presté mis ojos!
Aun así no pudo ver
cómo se amaba en mi mundo,
en el que le fui leal
hasta con el corazón herido.

Despertar

Después de aquel mal sueño desperté
creyendo que aún estabas conmigo,
que las sábanas marchitas
se habían quedado enredadas
en esas largas horas vacías
en que cerré mis ojos
cansada de mi propio llanto.

Desperté y vi que era real
mi miedo más profundo.
La soledad me acompañaba
mientras tu ausencia desnuda
y tu cuerpo al otro lado de la cama
compartían conmigo
la noche más eterna y fría
que ha vivido mi alma.

Exilio

Si te nombro en el exilio,
vuelven los recuerdos de nuestro camino,
de las piedras que juntos recogimos
para construir una pared de silencio.

Si te nombro en el exilio,
reconozco tu mirada callada,
las largas horas de invierno
cuando ni siquiera me tocaba tu espalda.

Si te nombro,
caminante de mis aguas,
escucho ecos de sombras
cayendo aún bajo mi almohada.

Llévate su amor

Caminante, llévate su amor,
no tengas miedo.
La vida lo desterró de mi camino
hace unos años cuando traicionó
nuestros lazos.

Cuando, entre las sombras,
arrancó mi mano de la suya
y me clavó un puñal en la espalda.

Llévate su amor,
ese que de boca en boca
fue derramando en otros besos.

No me tengas miedo,
no hay motivo.
Yo renové mi piel
y borré su rastro.

Ahora, su amor,
es todo tuyo.

Piel sin tiempo

Piel nocturna,
callé tu recuerdo, tantas veces,
mientras mis pies destellaban sueños felices.

Te inventé de sombras
para ocultarte en mi espalda
y bailé contigo
en mis noches más solitarias.

Piel nocturna,
susúrrame un nuevo amanecer
y despídete sin prisa,
sin horas, sin tiempo.

Minotauro

Mi minotauro encantado,
¿por cuáles laberintos prohibidos
fuiste hechizando mi alma?
¿Qué embrujo cerniste a tu cintura
que deseé perderme para siempre
en la tibieza de tu cuerpo desnudo?

Dame tu mano para comprender
que allí estuvo siempre el camino.
Dame tu silueta de luces y sombras
para saber dónde está tu principio y tu fin.

Deja que los aromas nocturnos
acerquen nuestros pasos un día,
entonces, lánzame tu ofrenda de besos
para abrir los ojos y ver en la oscuridad,
para descubrir que no estoy sola,
que junto a mi navegan tus horas
desprendidas de las rocas
como los besos que dejaste sobre mi piel.

Minotauro encantado,
permite que tu rastro
me mantenga despierta a la vida,
con los sentidos vibrando en cada laberinto
para encontrar el camino de retorno hacia ti.

Besos sin memoria

Me besarás cada poro de la piel
como si desearas
limpiar el rastro de otros labios,
confundiendo a la memoria de los besos
para que crea
que el reloj se inicia con tu arribo.

En tu afán laborioso
olvidaré cuáles son tus motivos
porque me dejarás al amanecer
para retomar la alianza
con tu compañera de alma,
tu guitarra desnuda,
esa que acaricia tus sonidos
y conoce mejor que yo
los desvelos que te abrazan.

Adormeciendo la herida

La contención que busqué fue un abrazo
y, en el camino, se multiplicaron los gestos.
Entonces, se llenó mi corazón de cariño
y la gratitud brotó para limpiar mi herida
que dolía verdaderamente,
que era la más antigua,
que, de tantos abrazos,
se quedó dormida.

Reino encantado

Para los lazos
no se mendiga ni una fibra
porque el reino del corazón
es tan profundo
que su inmensidad no permite mezquindades.
Quien tenga un reino encantado
merece compartir
con quien esté a la altura
de tales tesoros.

Dos vidas

Dos vidas han pasado
sin saber de ti, viejo amigo.
La de nuestros hijos
caminando su propio futuro.
Dos vidas han crecido
y hoy me reencuentro contigo.

El destino te llevó lejos de mí,
pero te acercó a lo más profundo
de tus sueños
y me dejó creer
que mis pasos eran certeros.

Dos vidas han pasado,
la tuya y la mía.
Sin culpas que nos aten,
con la alegría y libertad
de quien rompió con las manos
sus propias cadenas.

Retorno

Me tendí de espalda sobre la tierra y deseé morir por unas horas. Ella sintió mi llanto y comprobó que aún tenía vida, pero me quedé inmóvil y las lágrimas secas sobre la cara comenzaron a agrietar mi piel. Entonces, la tierra se apiadó de mí, me cubrió de hierba verde, como si fuera una mortaja, y me empujó hacia su interior. Estuve allí sin poder medir el tiempo ni moverme, llorando y a oscuras. Abría los ojos a ratos para saber si algo de luz llegaba, pero ni siquiera veía mis manos. Luego, sentí que no quedaban lágrimas en mí y la tierra me liberó. Era tiempo de sanar.

Caminé a tientas, tropezando con las piedras y los desniveles del camino, hasta que me acostumbré a la oscuridad. De pronto, en una claridad celeste, vi un hilo de agua dulce filtrándose por la pared de piedra, unté mis manos en ese milagro de la vida y quise aferrarme a él.

Trepé las rocas con más energía, siguiendo el brillo del agua. La luz comenzaba a abrir su paso y el mío. Mis ojos intentaban adaptarse a la claridad nuevamente. Cansada, llegué a la cima, me senté un rato a mirar el abismo y volví el rostro hacia la inmensidad del mar que con su brisa me refrescaba. Era tiempo de florecer, la vida me llamaba.

Naturalmente

No entendía que mi vida seguía el ciclo de la naturaleza.
Primero fui semilla y otros cuidaron de mí
para protegerme del frío.

Luego fui brote, verde y frágil,
y alguien colocó una guía a mi lado
para mantener mi frente en alto.

Después, creció en mí una hoja
que me hizo sentir la flor más radiante del jardín.
Las abejas revoloteaban cerca de mí
porque tenía polen que compartir.
Las lluvias y el sol
me hacían más fuerte.

No sabía que con la paciencia de la tierra
lograría vivir en paz
y aspirar a morir de la misma forma.

Para mí

Para mi consuelo
encontré las flores
más perfumadas y raras
del jardín.

Para mi amparo
me rodeé de hermanas del alma
que supieron escuchar mis horas
y no rehuyeron de mis sombras
ni mi luz.

Para mi esperanza
me envolví en un capullo,
le sonreí a mi llanto
y me acaricié las mejillas.

Para mi alegría
las horas se hicieron lentas
para tejer de día mis nuevos motivos
y destejer de noche
todas las ausencias.

Paciencia

Me llevó tiempo aprender a perdonarme,
mirar mis sombras en el abismo,
traspasar una y otra puerta
hasta encontrarme en ese pozo oscuro
y aceptar que era parte de mí.

Me llevó tiempo reconocer mis raíces,
entender cómo las viejas historias
se repetían
y tomar la decisión de sanar,
por mí y por nosotras.

Me llevó tiempo cortar las cadenas
que me intoxicaban,
andar descalza, sin rumbo fijo
y aprender a vivir.

Me llevó tiempo llegar hasta aquí
y darme cuenta de que aún me queda horizonte
y esperanza para seguir amando.

Mi propia naturaleza

Mi naturaleza me llevó a escribirte,
a mover mis pasos hacia un mundo de palabras
y danzar frente a la hoguera,
casi a punto de caer en ella.

Mi alma, en cambio, alzó la voz
y me protegió de mí misma,
entonces, comenzó el viaje.

Cruzando mis propias fronteras
levanté mi bandera de lucha
y logré sacar las chispas escondidas
de otros ojos que también necesitaban luz.

El fin de nuestra historia
dio paso a mi libertad.
Me permitió tocar las estrellas
y alcanzar el lucero más luminoso,
el que nunca imaginé
crear en mi universo.

Gracias por ser reflejo de mi oscuridad.
Ahora sé que me queda coraje
y amor para despertar.

PUROS AMORES

Antes del último cuento

Si he de morir esta noche,
vida,
deja que alcance mi mano a tocarla,
deja, antes del silencio eterno,
que mis dedos como susurros
toquen sus largos cabellos.

Deja grabar sobre sus ojos
el amor que le atesoro hace tanto tiempo,
cuando ella jugaba en el centro de mi alma,
cuando de una estrella fugaz se escapó en un sueño,
dormida, a mis entrañas.

Deja que llegue a mi pequeña princesa
para contarle el último cuento imaginario,
para que no olvide que la amo,
para seguir viviendo en sus dulces recuerdos
antes de que mi cuerpo se vaya
a vagar por lugares lejanos.

Mi sol

La vida florece muy dentro.
El capullo gira suavemente
al compás de un latido.
Danza la vida en mi corazón.

¡Danza mi vida, danza!
Los sueños cabalgan en miles de estrellas
luminosas como tus ojos
que se forman,
que me miran.

Eres un pequeño sol
que me llena de energía,
mi propia estrella que nace.
El universo se agita
y contornea por cada rincón en fiesta.
Mi pequeño gran trozo de amor vivo,
cómo me bañas de ternura,
cómo, sin tener nombre, me conmueves
y conmueves al mundo con tu presencia.

En tu cumpleaños

Te recuerdo como aquel niño
solitario y risueño
que levantaba la mirada por los cielos.
Mi voz quería acercarse a tu oído.

Cuántas palabras no dichas,
cuántos abrazos perdidos.
Te miro y no eres el mismo.
¿Acaso tu mirada de risa se congeló, hermano,
por algún extraño encantamiento?

Quisiera en algún momento
saber cuál camino seguiste
y qué colores recubren hoy tu cara.
Quisiera, hermanito, verte feliz desde adentro,
saber que tus galerías y largos pasillos
han abierto todas las ventanas.

Quisiera, hermano, que en tu camino
encuentres buenos amigos
y reconcilies tus miedos.
Que puedas mirar a tu madre y a tu padre
y ver que eres parte de ellos.

Quisiera, hermano, darte un arcoíris repleto
de sueños gigantes y lunas mágicas redondas
que cumplan los deseos
que solo conoce tu alma.

Tras tu partida

En tu homenaje me quedo en silencio,
honrando tu vida,
tu sonrisa valiente
y tus ojos de agua marina.
Las alegrías que tuviste
fueron construidas a pulso,
aunque el corazón te doliera
por las injusticias.

En tu homenaje resguardaré mi vida
de las noches oscuras y las almas perdidas.
Sonreiré callada
cuando las mariposas toquen esta herida
porque sabré que eres tú, en tu juguetón aleteo,
quien anima mis pasos y besa mis penas.
Tú, quien vela para que el amor acerque
a las mujeres de tu clan
tras tu partida[2].

---

2   En memoria de Mónica Vásquez Castillo (1955-2020), tía materna de la autora.

Made in the USA
Middletown, DE
30 July 2021